AF356818

ASCENSIONS HIVERNALES

DANS LES ALPES MARITIMES

Extrait du 18me Bulletin de la Section des Alpes Maritimes du Club Alpin Français.

Victor de Cessole

Ascensions Hivernales

DANS LES ALPES MARITIMES

NICE
IMPRIMERIE VICTOR-EUGÈNE GAUTHIER & Cº
27, Avenue de la Gare, 27

1898

ASCENSIONS HIVERNALES

DANS LES ALPES MARITIMES

———

A quelque moment de l'année que l'on parcoure la montagne, celle-ci prodigue à ses visiteurs à la fois de douces et de fortes impressions ; mais, c'est incontestablement pendant la période hivernale que l'on peut admirer des hauts sommets les tableaux les plus pittoresques et les plus saisissants.

Maintes ascensions, réussies dans les Alpes Maritimes à cette époque, m'en ont fourni la preuve.

Les monts et les vallées, chargés d'un gracieux décor de neige, changent tellement d'aspect pendant cette saison, qu'il est intéressant de les revoir éclatants de blancheurs, alors qu'on a connu en été leurs sites variés, tour à tour grandioses par l'horreur sauvage de leurs roches, superbes par la splendeur de leur végétation forestière et charmants par la richesse de leurs pâturages alpestres.

Col de Sainte-Anne *(2 318 m.).* — Après une série d'ascensions accomplies l'an dernier dans la haute Tinée, je venais à Isola, le 28 février 1897, pour essayer une course à Sainte-Anne-de-Vinadio avec le guide Antoine Fabret.

Malheureusement, le lendemain matin, 1er mars, le ciel me fit grise mine et mon projet fut sur le point d'échouer. L'incertitude du temps m'imposa un départ. tardif. Au lieu de nous mettre en route à 4 heures, comme cela était convenu, nous ne quittâmes Isola qu'à 7 h. 25 min.

C'était bien tard pour aller à Sainte-Anne et en revenir dans la même journée, avec la grande quantité de neige que l'on m'avait annoncée ; mais, à tout prendre, une ascension au col vaudrait encore la peine d'être effectuée (1).

Je remarque plusiéurs avalanches, et, entre autres, celle de Ciastans, avant d'arriver à 8 h. 10 min. au Planet, près de la limite franco-italienne. A cet endroit se trouvait le pont de ce nom, emporté il y a deux mois par la terrible avalanche de la Guercia.

La neige nous empêche ensuite de suivre le chemin sur la rive gauche du Ciastiglion et nous passons sur la rive droite successivement au milieu des granges du Planet et de Balmon. Jusqu'au point où le sentier quitte la vallée pour monter au col de Sainte-Anne, les avalanches s'étalent sur les deux versants, mais surtout sur le côté gauche qui est orienté au Nord.

A citer notamment celles des vallons de la Pessau, du Ciallans, de Cerniera, de l'Indice et de Sespoul. Le cours du Ciastiglion est transformé en une vaste plaine blanche : à l'Ouest, le pic du Monnier s'élancé dans les airs gracieusement argenté. Le temps semble revenir au beau.

Les pentes par lesquelles on est conduit au col sont à moitié dépouillées de neige, à cause de leur exposition au midi.

Nous quittons les bords du vallon bien avant Ciastellaras pour monter droit dans les graviers, vers les premiers

---

(1) Cette course fait l'objet d'une description dans ma relation : *A travers les Alpes Maritimes*. Nice, 1896, in-8° de 27 p. (Extrait du 16me Bulletin de la Section des Alpes Maritimes du Club Alpin Français).

rochers en contre-bas du col et ce n'est qu'au-dessous de l'abri que nous nous trouvons obligés de traverser d'énormes plaques de neige.

A 11 heures nous faisons une petite halte à l'abri ; au lieu d'aller directement au col par le nouveau sentier, pris dans des rochers escarpés et aujourd'hui rendu presque impraticable à cause de la neige et du verglas, nous prenons la direction de l'ancienne route dans une combe neigeuse. En trente minutes, nous sommes sur l'arête et par là nous gagnons en dix minutes le *col de Sainte-Anne.*

Je reconnais les difficultés qu'il y aurait à cette heure à contourner la montagne pour descendre au Sanctuaire avec une neige incroyable, sans doute déjà bien amollie par la chaleur du soleil : les raquettes auraient à fournir un fameux service. Nous nous contentons donc de nous avancer sur l'extrémité d'un promontoire neigeux qui, dominant la vallée et le Sanctuaire de Sainte-Anne, se présente comme le meilleur et le plus curieux point d'observation sur les montagnes environnantes et le haut vallon d'Orgials. Les constructions de l'hôtellerie et de la chapelle de Sainte-Anne paraissent à peine dans un prodigieux enfouissement de neige.

Mais le vent se lève furieusement et nous devons revenir au col après une demi-heure de halte, puis nous montons sur la crête en cherchant un rocher hospitalier pour pouvoir déjeuner. La faim nous aiguillonnant, nous nous arrêtons au premier endroit venu ; nous cassons une croûte, c'est le cas de le dire, tout à fait à la hâte, car nous sommes aussitôt chassés par le vent et surtout par le froid. Le thermomètre indique — 6°.

Cime de Sespoul *(2 495 m.).* — N'ayant pu, faute du temps nécessaire, descendre du col à Sainte-Anne, mon intention était de rentrer à Isola en gravissant la cime de Sespoul, en vue de la Guercia et du Lausfer. C'est la direction que nous prenons à 1 heure avec l'espoir de rencontrer quelque part un accueillant abri. Après une succession de mamelons neigeux, nous parvenons en trente minutes à la petite cime dite la *Rena Grossa*, d'où nous nous laissons glisser au milieu de ses barres pour remonter ensuite de la baisse, en vue du Lausfer, à la *cime de Sespoul*, dont le faîte forme un dôme de neige.

Je ne regrettai pas cette course, car pour n'être pas des plus élevés ce belvédère occupe dans la région une situation remarquable : la vue s'étend tour à tour sur le plateau de Beuil et le Monnier, l'Autaret, la Testa Rognosa de la Guercia, le Lausfer et quelques pointes du massif de Saint-Etienne, la Lombarde et le Malinvern, le Mont Saint-Sauveur et la Tête de Pignals et les vallons de la Guercia et de Ciastiglion dans tout leur développement.

A notre arrivée à la cime, l'orage gronde du côté du Nord : tout d'un coup nous le voyons éclater sur le Monnier, et, après avoir décrit une rapide évolution sur le littoral, faire retour à la montagne vers l'Est.

J'appris à ma rentrée à Nice que cette tempête faillit être funeste à un voyageur, du nom de Simeth, que j'avais rencontré le 28 février à Isola se rendant par Saint-Etienne et le col de Pourriac en Italie et en Suisse. Pendant l'après-midi du 1er mars, surpris par le brouillard et la tourmente dans les environs du col de Pourriac, il ne tarda pas à perdre son orientation. Après avoir erré durant une longue et froide nuit dans les neiges de Salsa-Morena, il se retrouva de grand matin aux Baraquements des Fourches, avec les pieds et les mains entièrement gelés. Mis dans l'impossibilité presque absolue de se servir de ses membres, il fut transporté à Saint-Etienne, où il reçut les soins nécessités par la gravité de son état.

Un fait plus sérieux s'est produit dans cette même région vers la fin du mois de novembre dernier.

La petite population de Bousiejas, le dernier hameau du département des Alpes-Maritimes, s'élevant à 1 900 mètres environ d'altitude, a été péniblement impressionnée par la disparition mystérieuse de l'un de ses habitants. Le nommé Célestin Portaneri s'était rendu, le 27 novembre, à Jausiers par le col de Pelouse, puis, ses affaires terminées, il avait quitté ce village le surlendemain pour rentrer chez lui. On fut une quinzaine de jours sans nouvelles sur son compte. Cinq courageux jeunes gens du Prà et de Bousiejas organisèrent alors des recherches, difficiles à cette époque où la neige fraîchement tombée recouvrait entièrement le sol.

Ils réussirent néanmoins à trouver, à quatre kilomètres de distance de Bousiejas, le corps presque entièrement enfoui, à part l'un des pieds qui paraissait à peine. Le malheureux Portaneri a, paraît-il, succombé au froid, épuisé par la fatigue d'une longue traversée et en laissant une femme et cinq enfants.

Ces drames de la neige sont toujours pénibles à relater, surtout quand leurs auteurs se sont eux-mêmes rendus victimes de leur manque de prévoyance.

Quant à la tourmente, dont je fus le témoin de la cime de Sespoul, elle se manifestait à un certain moment presque effrayante : simple menace qui nous laissa partir indemnes à 2 h. 25 min. Enfin, nous déjeunions un quart d'heure après en face de la Testa Rognosa : nous pouvions voir de là le parcours suivi par l'avalanche de la Guercia. Quittant bientôt les dernières neiges, nous dévalions rapidement les pentes de Sespoul pour arriver au-dessus des cascades de la Guercia à 4 heures et à Isola à 4 h. 45 min.

Serre de Roghé *(2 431 m.)*. — Et je pensais, pour cette année-là, avoir épuisé la série de mes courses hivernales, lorsqu'au retour d'une excursion à la Rocca-Seira avec mes collègues de la Section des Alpes Maritimes, j'eus l'occasion, le 24 mars suivant, de revenir à Saint-Martin-Vésubie et de passer quelques jours dans le Boréon.

La neige avait disparu des prairies de la Ciriegia où je me rendais avec Plent le lendemain matin. Nous faisions à 7 h. 30 min. une halte d'une demi-heure, pour suivre ensuite la vallée de Saléses. Jusqu'à la cabane forestière la marche s'effectua normalement, mais un peu avant la vacherie, la neige se présentait tellement épaisse et molle que nous devions chausser les raquettes.

Nous n'arrivions à la fontaine de la *Ciardola* qu'à 10 h. 30 min. Mais, hélas ! contre notre attente, pas le moindre filet d'eau ! La source était introuvable sous une pareille couche de neige. En parcourant la forêt sur une pente très raide, exactement au-dessus de la fontaine, nous rencontrâmes à trente minutes de distance une source auprès de laquelle nous pouvions déjeuner. A 12 h. 45 min., nous continuions notre route, montueuse à l'excès, dans la direction du *Serre de Roghé*, dont nous atteignions le signal à 2 h. 15 min. en franchissant une jolie arête neigeuse.

Que de sujets d'admiration s'offraient à nous : le Mont et le Caire Arcias, le Monnier, la Pointe Giegn, la cime de Fremamorta, la Pointe Roghé et les vallons du Boréon, de Saléses et de Molières ! Tout le cirque de Fremamorta paraissait, très rapproché, ruisselant de blancheurs et il semblait que la neige, entassée partout et surtout dans les vallées d'une façon incroyable, voulût triompher dans son éclatante beauté.

C'eût été de notre part une grave imprudence que de nous aventurer, comme nous en avions eu un instant l'intention, par le col de Saléses au-dessous de la combe du lac Noir pour essayer d'arriver à la cime de Fremamorta. S'il avait pu être suivi, ce trajet nous aurait fait peiner, et, en somme, le coup d'œil obtenu du Serre de Roghé dépassait notre attente, car nous n'avions osé espérer un aussi imposant spectacle. Pour le retour, nous ne revenions pas sur nos traces, et à 3 heures, suivant un peu la crête, nous nous engagions dans la vallée de Saléses par un large ravin rempli de neige.

Nous ne rentrions qu'à 6 h. 30 min. à Saint-Martin, où je

combinais le soir même une nouvelle expédition dans le haut Boréon avec mon ami Verani et les guides J.-B. Plent et L. Barel.

Serre des Gaisses *(2 650 m. environ)*.— En partant de Saint-Martin, le 26 mars, à 5 h. 10 min. du matin, nous prenions à 6 h. 55 min. notre premier déjeuner à la fontaine des Pairolés, près de la vacherie de la Ciriegia et à 7 h. 45 min. nous nous avancions dans le bois de la Méleséa, sur la rive droite du Boréon.

Ne pouvant, à cause de la neige énorme accumulée dans les bas-fonds, suivre la voie ordinaire de la vallée, nous contournions par une marche de flanc les pentes du Pelago jusqu'au delà de Peirastreccia.

Les avalanches n'étaient pas très importantes sur ce versant : nous remarquions surtout celles des vallons du Mitenc, de la Ciauma, du Caire de l'Aigle et du grand ravin du Pelago qui avait recouvert la cascade de Peirastreccia. Un peu plus loin, les avalanches de la Lausa Clausa (Pelago) et du Fontà d'Augier, contrefort de l'Agnelliera, s'étaient rencontrées dans le Boréon en en dissimulant le cours.

Une nappe prodigieuse de neige avait imposé silence à l'impétueux torrent. Nous admirions devant nous la blanche vallée, dont la couleur uniforme apparaissait splendide à travers les arbres disséminés de la forêt. La cime des Gaisses, le Caire de Cocourda et le Caire de l'Agnel formaient un majestueux cirque de montagnes drapées dans leur manteau d'hermine.

En franchissant une succession de petits mamelons neigeux, nous trouvions à 10 h. 25 min., au-dessous des Sagnes, un rocher sur les bords de la rivière, où il nous était commode de nous arrêter pour le repas sérieux de la journée.

A 11 h. 30 min., nous nous engagions dans la combe des Gaisses : sur cette voie à pente raide, comme partout ailleurs, plus de trace de sentier. Les guides prenaient donc la direction qu'indiquait l'état de la neige, parfois un peu molle.

Nous suivions la combe des Gaisses jusqu'au pied du Caire de même nom. C'est à ce point, qu'obliquant à notre gauche, vers le Nord, nous quittions la vallée proprement dite pour monter par des lacets vers les premiers escarpements du Serre des Gaisses. La traversée de ces rochers abrupts, rapides, rendus dangereux par la neige dont ils étaient obstrués, sollicitait notre attention.

Nous ne tardions pas ensuite à gagner sans difficultés le *Serre des Gaisses*, à environ 2 650 mètres, d'où nous dominions superbement la haute vallée du Boréon, entourée de ses audacieuses cimes. Nous arrivions à 1 h. 50 min. sur la plateforme, au-dessous du Caire des Gaisses, non loin du petit lac homonyme et en vue de la cime même des Gaisses.

Le soleil faisait resplendir ce paysage indescriptible. Sur le fond de ce tableau, d'une magnificence étonnante, s'estompait la colossale architecture du Caire de Cocourda, aux parois vertigineuses et sombres.

L'heure était trop avancée pour nous permettre de réaliser notre projet, qui consistait à poursuivre l'ascension jusqu'à la cime des Gaisses, et, quittant ce domaine élevé de la neige à 2 h. 40 min., nous descendions avec précautions les mêmes barres qu'à la montée, pour parcourir de nouveau la combe des Gaisses et la vallée du Boréon et arriver à 5 h. 45 min. à la Ciriegia. Verani rentrait à Saint-Martin avec Barel, tandis que je m'installais avec Plent dans une grange mise à ma disposition pour la nuit. Je voulais tenter une course à la cime Balme de Ghilié.

Cime Balme de Ghilié (*3 010 m.*). — Le 27 mars, je ne prenais le vallon des Erps qu'à 6 h. 15 min. du matin et j'étais au commencement de la combe de Ghilié à 7 h. 50 min. En suivant cette route, les 18 février et 19 mars 1896, je n'avais trouvé que très peu de neige : il n'en était plus de même cette année. Le versant méridional du Mercantour était bien blanc.

Tantôt résistante, tantôt cédant sous nos pas, la neige ne

nous permit d'arriver qu'avec une certaine peine au delà de
la Balme de Ghilié, dont le rocher n'était pas encore dégagé.
Nous dûmes nous ajuster les raquettes : à 9 h. 10 min., nous
déjeunions à mi-chemin entre la Balme de Ghilié et la baisse
du même nom, sur un des rares rochers apparaissant à la
surface neigeuse. A 10 heures, nous nous remettions en
marche. L'ascension de la baisse de Ghilié s'annonçant très
pénible avec une pareille neige, nous dûmes abandonner cette
direction pour bifurquer à droite vers la baisse des Baissettas.
Cette route nous procura certainement plus d'avantages.

A 11 h. 10 min., nous quittions ce point et, par une série
de combes et de terrasses superposées, orientées au Sud, non
loin de la cime de la Ruine, nous gagnions le haut plateau
qui, limité au Nord par les escarpements de la cime Balme
de Ghilié, a fait donner à ce sommet par les gens de Saint-
Martin le nom de Clot Aut.

Une brise légère soufflait sur ces hauteurs. A mesure que
nous nous élevions sur les dernières pentes, la neige s'amol-
lissait davantage sous l'influence d'un soleil brûlant. Plent
frayait la route dans des conditions vraiment fatigantes :
malgré les raquettes, ses pieds pénétraient à plus de soixante
centimètres de profondeur, et, bien qu'en meilleure situation
que lui, je ressentais à mon tour les inconvénients de cette
neige fuyante. A 12 h. 30 min., nos efforts étaient récompensés : nous arrivions sur l'arête de la *Cime Balme de
Ghilié* ou *Clot Aut* (3 010 m.), formée à sa partie extrême
d'une monumentale corniche de glace.

La vue subite et complète de toutes les cimes du massif
de l'Argentera se déroulant du Sud au Nord les unes à la
suite des autres en une gigantesque enfilade, me fit goûter à
ce moment-là une des plus impressionnantes surprises qu'il
m'ait été donné d'éprouver en hiver dans cette région.

Ce tableau complétait dignement le panorama que j'avais
déjà admiré pendant cette même saison de la cime de Nasta.
Le pic le plus rapproché, le Brocan, se montrait flanqué sur

son versant Est de ses formidables murailles, tandis que le Baus, presque isolé par rapport au groupe dont il fait partie, se dressait superbement.

Il semblait que toutes ces arêtes cyclopéennes, taillées à pic, eussent percé de leurs pointes aiguës le manteau de l'hiver pour opposer à ce fond de magnificence neigeuse le contraste de leur teinte noirâtre !

Entre les contreforts du Brocan et le point 3 042 paraissait le Mont Viso et, tout à droite de l'Argentera, s'étalait majestueusement le massif du Mont-Rose. Dans la vallée de la Ruine, le lac de ce nom et celui du Brocan dormaient leur mystérieux sommeil d'hiver.

A l'Est et au Sud, mon attention était principalement attirée par la cime de la Ruine et le Caire de l'Agnel, puis par le Caire de Cocourda, se découpant comme une dentelle sur le glacier de la cime des Gelas, ainsi que par les divers chaînons qui enserrent le haut bassin de la Vésubie.

La pureté des lignes n'était pas aussi parfaite vers l'Ouest : le Mercantour gisait humblement à mes pieds, réduit, en dépit de la vieille légende, à l'état de cime de second ordre, malgré les neiges qui le cachaient en lui donnant tout de même en ce moment certains airs de grande montagne. Partout où le regard se portait, de merveilleuses splendeurs éclataient dans leurs parures hivernales et le soleil éclairait d'une nuance douce, uniforme, la blanche immensité.

La cime Balme de Ghilié, comme aussi sa voisine, la cime de la Ruine (1), est un des points de vue recommandables de cette région, non seulement parce qu'elle peut être très facilement gravie au départ de la baisse de Ghilié, mais encore à cause de sa situation spéciale comme point de soudure du massif de l'Argentera à la grande chaîne.

(1) Je montai avec Maubert à la cime de la Ruine le 5 septembre 1896 : un temps brumeux ne nous permit pas de juger ce jour-là de son panorama, que je pus observer dans ses détails le 25 janvier 1898, ainsi qu'il en sera fait mention au cours de cette relation.

Le vent fraîchit et la température se modifie sensiblement. Nous reprenions à 1 h. 05 min. les traces profondes du parcours suivi à la montée et en vingt-cinq minutes nous descendions à la baisse de Ghilié, dont les fortes pentes neigeuses se prêtaient ensuite à un genre de locomotion nouveau pour moi : des glissades sur raquettes. Nous traversions la combe de Ghilié et, sortant au plus tôt de ce champ de neige où nous commencions à nous enlizer, nous venions déjeuner à 2 h. 20 min. aux Sagnes des Erps. Nous en repartions à 4 h. 10 min. pour rentrer à Saint-Martin à 6 h. 15 min. du soir.

Telles étaient les conditions favorables dans lesquelles s'effectuaient ces ascensions à la fin de l'hiver 1896-1897.

Vallon de Ciastiglion.— Au cours de l'hiver suivant, je me livrais à de nouvelles tentatives dans ces mêmes régions alpines.

La neige avait commencé à tomber dans les Alpes Maritimes les 19 et 20 septembre 1897, puis, vers les premiers jours du mois d'octobre ; mais la couche, plutôt légère, n'avait guère tenu. Je partais, en effet, d'Isola le 20 octobre avec le guide Fabret en vue d'explorer la haute partie du vallon de Ciastiglion : jusqu'aux *Baracouns* (1 778 m.) (1), je trouvais très peu de neige sur ma route, en sorte que le trajet ressemblait sensiblement à celui de l'été. Les pointes escarpées de Pignals se dressaient devant moi striées de neige sur leur versant Nord.

Des Baracouns je m'élevais sans trop de peine par le Rio das Verps au *col de Sistron*, d'où la vue s'étend sur les montagnes de la rive droite de la Tinée et sur celles du Var.

(1) Les deux petites constructions connues à Isola sous ce nom s'appellent aussi *baracca de li mansa* ou baraques des génisses ; les cartes italiennes les désignent sous la dénomination de *Baracconi*.

Pour atteindre ensuite le contrefort, coté 2 575 mètres, de la cime de Sistron, je traversais une pente au Nord passablement prise par la neige ; puis, je gagnais le *Mont Saint-Sauveur* (2 715 m.), le point culminant du petit massif compris entre la Tinée, le vallon de Moliéres, le Ciastiglion et la Guercia. Le versant septentrional était absolument blanc de neige.

Le temps superbe dont je jouis ce jour-là me permit d'admirer le panorama étendu que présente ce sommet sur les régions de la Tinée, du Var et de la Vésubie.

Je n'éprouvai quelque difficulté que dans le parcours de l'arête qui sépare le Mont Saint-Sauveur de la *Tête de Pignals* : les rochers disparaissaient sous une forte couche de neige verglassée.

Des deux pointes les plus élevées de Pignals, j'assistais à un fantastique coucher de soleil sur les cimes du haut vallon d'Orgials et de Ciastiglion : à mesure que l'astre déclinait à l'horizon, toutes les montagnes se coloraient d'un rouge écarlate, dont la vivacité de ton fascinait le regard.

Au travers des crêtes de la chaîne du Malinvern à la Maladeccia apparaissaient le Grand-Paradis, le Cervin, la Dent Blanche et le Breithorn, dont le soleil empourprait les glaciers.

J'ai souvenance entière de cette vision idéale qui précédait le moment où l'immense nature allait d'une aussi saisissante façon s'assoupir dans les ombres de la nuit.

Le spectacle ne se prolongea pas à mon gré et je quittais en hâte la Tête de Pignals pour rentrer aux Baracouns.

Tête du Malinvern (2 939 m.). — L'on dit que les jours se suivent et ne se ressemblent pas ; cela est vrai surtout dans la haute montagne où l'on est exposé à de brusques changements non seulement de temps mais même de saisons, ainsi qu'il m'est arrivé le lendemain de mon ascension au Mont Saint-Sauveur et aux Têtes de Pignals.

En raison de ce fait, j'ai rangé cette excursion, bien

qu'accomplie au mois d'octobre, dans la catégorie de celles d'hiver.

Quoique le baromètre eût baissé du soir au matin de **4** millimètres, je cherchais le 21 octobre, au départ des Baracouns, à me rendre au Malinvern. Avant le jour, je voyais le ciel criblé d'étoiles. Seul, un nuage imperceptible se levait sur le col de Sainte-Anne : c'est, dans la région, le signe invariable d'un orage prochain. La tourmente commençait, en effet, à se déclarer sur le Nord, mais la barrière que nous opposait la chaîne de la Lombarde nous empêchait de le constater.

J'étais à peine arrivé au *Clot de la Poù*, en moins d'une heure et demie de marche, que déjà la neige commençait à tomber, portée par un fort lombard (1), vent du Nord-Est. Et pourtant, le ciel était encore serein et le soleil brillait sur les cimes voisines. Mais les nuages gris venant du Nord ne tardèrent pas à envahir la montagne et le thermomètre descendit à 0°. Je dus précipitamment rebrousser chemin : près des *Baraques de Ciastiglion* (2 000 m.) (2), la neige avait rapidement recouvert les prairies.

Des bandes de pinsons et de linottes cherchaient leur nourriture de plus en plus difficile à trouver : leurs cris plaintifs semblaient indiquer qu'il leur faudrait bientôt abandonner jusqu'au printemps ces régions inhospitalières.

Je demeurais le reste de la journée dans la cabane, avec l'espoir d'une éclaircie, sinon d'une remise complète du temps. Mais les heures s'écoulaient, alternées de neige, de pluie et de vent. Le thermomètre se maintenait entre — 1° et + 2° et le baromètre à 602^{mm}. La bourrasque faisait fureur de toutes parts.

Je passais donc dans mon réduit une longue nuit d'attente et au petit jour je m'aperçus qu'une épaisseur de neige fraîche

(1) Ce vent terrible est, comme force, analogue au mistral. Il se produit dans notre région avec la même violence qu'au Mont-Cenis.

(2) Les cartes italiennes les appellent *Baracché.*

non moindre de soixante-dix centimètres s'accumulait à ma porte ! Et la couche s'augmentait à chaque instant par une chute continue.

L'expérience était suffisante. Mon guide se prononça avec raison pour le départ immédiat, de crainte que si la neige persistait aussi abondante, nous n'en ayons ce soir ou demain deux mètres sur le sol.

Nous partions à 8 heures au milieu de la tourmente : les flocons se précipitaient tellement épais qu'il nous était impossible de discerner le paysage à quelques mètres de nous. Heureusement Fabret était un habitué de Ciastiglion et il parvint tant bien que mal à se diriger dans ce fouillis de neige. Nous perdîmes cependant quelquefois la direction du sentier, sur lequel chacun de nous devait à tour de rôle pratiquer la trace.

Les arbres de la forêt de Ciastiglion étaient comme enduits de ouate et leurs branches ployaient sous le faix des nappes neigeuses. Nous-mêmes en étions pénétrés, surtout que les flocons s'attachaient aisément où ils touchaient et la température, abaissée par la violence des rafales, les faisait se congeler sur les vêtements.

Il nous fallut, au milieu de cette nuit blanche, une heure quarante pour atteindre la grange de la Balma, où nous nous abritions au moment opportun. Le propriétaire s'y trouvait retenu avec son troupeau. Jusqu'à Ciastellar, la couche de neige était presque uniforme : elle ne diminua insensiblement d'épaisseur qu'au delà de l'embranchement du sentier du col de Sainte-Anne. C'étaient là surtout des neiges aqueuses, qui sous le pied se dissolvaient facilement.

Nous subissions l'assaut de la tourmente, qui, venant du Nord-Est, passait comme une trombe au travers de la gorge de Ciastiglion. La première avalanche constatée cet hiver partait à côté de nous dans le petit vallon de l'Indice. Les ravines se formaient nombreuses, car de tous côtés ce n'étaient que cascades roulant des hauteurs. A partir de la frontière, nous devions recevoir la pluie jusqu'à Isola, où nous arrivions absolument trempés, après un trajet de près de cinq heures.

Je remarquais que la neige était tombée plus bas, dans la vallée, du côté du col de Sainte-Anne que du côté du Monnier.

A Isola, j'apprenais que la route de la Tinée était de nouveau interceptée dans les deux directions de Saint-Sauveur et de Saint-Etienne : je ne pouvais rentrer à Nice qu'avec bien des précautions.

Un mois plus tard, le 20 novembre, j'essayais de nouveau d'arriver au Malinvern : si la neige m'avait permis de coucher aux Baracouns ou même aux Baraques de Ciastiglion, cette course eût été facilitée par l'emploi de deux journées ; mais il ne fallait pas songer à exécuter ainsi l'ascension.

Je partais donc d'Isola à 6 h. 10 min. du matin, avec Ephigius Musso, pour tâcher d'accomplir la course le même jour. La neige qui m'avait chassé le 21 octobre, bien que passablement diminuée, subsistait encore en grandes masses. Par le sentier ordinaire de Ciastiglion, je gagnais les Baracouns à 8 h. 25 min., et à 9 h. 10 min. je quittais ce point pour remonter la vallée sur le versant de la rive droite, un peu moins neigeux par suite de sa belle exposition au soleil.

Nous joignions les Baraques de Ciastiglion (2 000 m.) à 10 h. 15 min. La vallée supérieure, complètement ensevelie comme dans une crème blanche, présentait le plus bel effet qui se puisse imaginer à une moyenne altitude : çà et là quelques mélèzes apparaissaient encore au milieu des rocs rougeâtres et coupaient la monotonie de cette mélancolique nature.

Nous prenions la direction du vallon de Terra Rougia, suivant que la neige nous laissait franchir plus ou moins facilement les inégalités rocheuses de cette combe. La trace du sentier n'existait pas : les lacs eux-mêmes n'étaient plus apparents.

La vraie route aurait consisté à monter à la Baisse du Drus ou de Valscura (1), mais son versant était si uniformément blanc d'une neige légèrement molle que nous craignions de ne pouvoir le gravir et nous prenions un peu à gauche les escarpements du premier contrefort du Malinvern. Nous étions ainsi conduits dans un couloir neigeux très incliné, et vers 1 h. 10 min., nous touchions à un petit col en vue de Valscura. De ce point il nous fallait redescendre à mi-côte pour longer ensuite la grande terrasse du Malinvern, sur laquelle nous n'arrivions qu'à 2 heures.

Après une halte de vingt minutes consacrée à la collation, j'attaquais seul la pente verglassée de la face méridionale par laquelle on accède au Malinvern. La rapidité accentuée de ce passage ne laissait pas que de ralentir mes pas. A 2 h. 40 min., j'arrivais sur l'extrême crête que je traversais avec précaution pour atteindre la *Tête du Malinvern*, qui, cotée 2 939 mètres, est la plus habituellement gravie. La pyramide noire, visible de toutes les cimes environnantes, paraissait à peine, enfouie dans la grande neige qui recouvrait l'arête escarpée du Malinvern.

Malinvern signifie mauvais hiver, et si le mois dernier j'avais éprouvé non loin de cette cime la justesse de cette rébarbative appellation, je constatais aujourd'hui que la neige y était établie à demeure en quantités incroyables, notamment sur le côté de Valscura. La vue s'étendait très belle, non seulement sur les montagnes de Ciastiglion, mais aussi sur tout le massif de Saint-Etienne, la plaine du Piémont et la chaîne lointaine des grandes Alpes et, plus près, sur la Rocca della Paur, sur le groupe du Matto, sur l'Argentera, le Claus et le Giegn.

Bien que le soleil fît en quelque sorte flamber cette multitude de cimes blanches, la température était plutôt froide.

(1) Du côté de Molières, ce passage est plutôt connu sous son ancienne dénomination de *col de Draps*.

L'heure avancée ne me permit de demeurer que peu de temps au sommet et je rejoignis Musso en moins d'un quart d'heure. Je regagnai la combe de Terra Rougia par la Baisse du Drus. Ce trajet nécessita une demi-heure.

C'est sur le versant oriental de ce passage, du côté de Valscura, que je trouvai au cours de l'ascension la plus grande quantité de neige. La montée à la baisse ne fut pas aisée. A partir du Drus, je dévalai en grande hâte pour tâcher d'arriver à bon port avant la nuit et je n'atteignis les Baracouns qu'à 5 h. 30 min., c'est-à-dire en deux heures de marche. Après un arrêt de vingt minutes, nécessaire pour reprendre des forces, j'employai encore deux heures pour rentrer à Isola : cette dernière étape dut s'accomplir entièrement de nuit à l'aide de la lanterne.

Le temps avait donc parfaitement secondé et l'état de la neige relativement favorisé cette ascension qui, inusitée en hiver, avait exigé huit heures et demie de marche à l'aller et cinq heures pour le retour, Isola étant à la fois le point de départ et d'arrivée.

Tête de Saboulé (*2 520 m.*). — Le lendemain, 21 novembre, je me proposais de visiter avec le guide Fabret la région du Lausfer que j'avais seulement entrevue lors de mon ascension à la cime de Sespoul. Un peu avant le confluent de la Guercia et du Ciastiglion, je prenais le sentier de la Guercia, dont la pente très raide, adoucie par les lacets, conduit aux quelques granges de ce nom.

Celles-ci s'élèvent à 1 425 mètres d'altitude, au point de jonction des vallons de Cabane Moutons et du Lausfer. Protégées au Nord par les contreforts rocheux de la Testa Rognosa de la Guercia, elles sont orientées au Sud au milieu de riches prairies. Leurs propriétaires les occupent tant que les fortes neiges hivernales ne les obligent pas à rentrer à Isola.

En partant de ce village par une marche très lente, j'arrivais aux granges de la Guercia en moins d'une heure et demie et, comme les premières neiges de la saison avaient disparu dans ces régions, les habitants étaient revenus pour la garde des troupeaux qui paissaient les herbes menues des champs.

Indépendamment de la tempête de neige du mois d'octobre, l'hiver n'avait pas encore réellement sévi : contrairement à la saison où nous étions, on ne remarquait ici ni glace ni verglas. Je déjeunais auprès des granges et à 9 h. 30 min., je m'engageais sur le penchant de la rive droite du vallon du Lausfer, limité au Sud-Est par la masse du Sespoul.

Je ne tardais pas à trouver la neige dans la grande vallée, fermée par la cime de Prals, la Tête de Saboulé et les escarpements du Lausfer. Les traces de chamois se croisaient en tous sens sur les névés que je traversais pour escalader les rochers verglassés, au milieu desquels s'écoulaient en cascades les eaux du Lausfer.

Quatre lacs portent ce nom : j'arrivais à 11 h. 40 min. à l'embouchure du plus grand, qu'un pêcheur a peuplé de truites de la Tinée. La nappe d'eau était emprisonnée sous la neige.

Après une halte de plus d'une heure, je montais à la Tête de Saboulé par une succession de mamelons neigeux, après lesquels se présentait une dernière pente qui nous conduisait sur la crête formant la ligne de partage des eaux. Aussitôt après, nous étions à la *Tête de Saboulé* (2 520 m.), dont l'arête rocheuse s'était transformée en une belle corniche de neige, perpendiculairement suspendue des deux côtés.

Ce trajet n'avait duré que cinquante minutes à peine. De cette cime le panorama était vraiment appréciable sur la région de Sainte-Anne-de-Vinadio, dont les montagnes se développaient en une chaîne ininterrompue jusqu'au Malinvern, à côté duquel l'Argentera paraissait en retrait. Le massif de Saint-Etienne, vu par son versant oriental, se montrait tout à fait grandiose : le Viso découpait sa pyramide altière sur le lointain horizon. Tout à côté de Saboulé, la Testa Rognosa de la Guercia s'imposait admirablement.

La neige inondait démesurément les monts et les vallées,

que le soleil éclairait d'une façon splendide. La température
était néanmoins assez rigide : la brise du Nord apportait sur
ces hauteurs le froid piquant de la saison. Après y être
demeuré une heure et quart, je reprenais pour le retour
l'itinéraire de l'aller et j'arrivais à Isola en deux heures, y
compris un quart d'heure d'arrêt en route.

D'autres courses avaient précédé et suivi les ascensions
dont je viens de faire mention. On se souvient que la neige
était tombée en très petite quantité pendant l'hiver 1895-96,
tandis qu'elle apparut particulièrement abondante au cours
de la saison 1896-97. Quant à l'hiver 1897-98, on ne constata
généralement dans les Alpes Maritimes qu'une couche très
inférieure à la moyenne, mais la température fut, en général,
d'une exquise douceur pendant les mois de novembre, décembre, janvier et février.

Au cours de cette longue période il ne tomba, indépendamment de la forte neigée survenue les 30 et 31 décembre
1897 et 1er janvier 1898, qu'une légère couche neigeuse
d'abord les 13 et 14 novembre 1897, puis les 21 et 22 février
1898.

Pendant le séjour que Maubert et moi fîmes aux granges
des Cluots, dans la Gordolasque, les 7, 8 et 9 novembre, et
à la Madone de Fenestre le 10 novembre, nous jouîmes d'une
température extrêmement délicieuse. Nous fûmes de longues
heures aux cimes de la *Lusiera* et du *Ponset* et au *Balcon
des Gelas* (vers midi, le thermomètre centigrade marquait
sur cette arête, au soleil, $+ 25^o$ et à l'ombre, $+ 5^o$), sans
ressentir aucunement les rigueurs de l'hiver.

Il en fut de même les 10, 11, 12 et 13 décembre à la Madone de Fenestre ainsi qu'aux cimes de l'*Agnelliera* et du
Clapier (1).

(1) Voir la *Revue Alpine*, publiée par la Section Lyonnaise du
Club Alpin Français (1er avril 1898).

Nous assistâmes aux préliminaires d'une tourmente le dernier jour de chacune de ces deux courtes campagnes alpines.

Le 10 novembre, nous admirions du Balcon des Gelas (1) sur la plaine du Piémont, une masse nuageuse poussée par le vent du Nord et essayant vers 2 500 mètres de passer par les cols sur le versant méridional de la chaîne : du côté des montagnes de Tende, les nuages s'échappaient vers le Sud en formant aux échancrures des cascades gigantesques. A l'Ouest, le brouillard n'étant pas arrêté par la chaîne des Alpes apparaissait déjà dans les vallées au delà du Monnier. En passant au lac de Fenestre, nous étions par intervalles envahis par les nuages qui réussissaient à traverser en cascades le col de Fenestre.

Le 13 décembre, le phénomène se produisit en sens inverse. Tandis que nous cherchions à gravir la cime des Gelas à la faveur d'un beau ciel bleu, les nuages s'accumulaient sur le littoral en une mer immense dont les flots s'arrêtaient aux premières cimes de la chaîne des Alpes Maritimes. Une violente bourrasque se déchaîna brusquement sur les hauteurs à partir de 2 800 mètres : c'eût été folie que de persister dans nos projets par un vent pareil. Maintenus à une altitude de 2 000 mètres environ, les nuages ne pouvaient s'étendre sur les hauts sommets et, insensiblement, ils gagnèrent le Nord en suivant les vallées, où le temps était tranquille et calme. A 10 heures, nous arrivâmes à la Madone : le plateau était cerné par le brouillard, qui fut bientôt dispersé, et, avant 1 heure de l'après-midi, le ciel avait repris sa teinte d'azur. Je notais à cette heure là à la Madone, au soleil, + 24°, tandis qu'à 8 heures, au pied des Gelas, le thermomètre marquait — 5°.

Je crois intéressant d'ouvrir ici une parenthèse pour

____

(1) Nous n'avions pu, à cause de la neige fraîche, monter à la cime des Gelas, ni par le couloir Est ni par l'arête Nord-Est.

signaler en passant la simultanéité de deux faits de même nature advenus vers cette époque ? Deux incendies, se déclarant le même jour sur chaque versant de la chaîne des Alpes Maritimes, menacèrent de détruire entièrement deux centres importants d'habitations alpines.

Le 2 décembre 1897, vers 10 heures du matin, le feu éclatait aux granges du petit hameau de *Roviera*, dépendant de la commune de Vinadio (vallée de la Stura). Malgré la promptitude des secours apportés, une vingtaine de granges habitées, moins la chapelle, ont été brûlées : en très peu de temps, cette population s'est trouvée en pleine neige, sans vivres ni logements, livrée aux rigueurs de l'hiver. Un des habitants n'a pu se sauver assez vite et a péri avec son troupeau.

Quelques heures plus tard, dans la nuit du 2 au 3 décembre, *Entraunes*, la commune la plus reculée de la vallée du Var, à 6 kilomètres de la Source du Var, faillit être incendiée par l'imprudence d'un habitant qui mit le feu à une grange remplie de fourrage. Grâce au dévoûment de tous et surtout des gens du village voisin de Saint-Martin-d'Entraunes, l'incendie put être heureusement circonscrit et le désastre de 1875 ne s'est renouvelé qu'en partie.

On annonce de temps en temps dans les Alpes des malheurs de ce genre : ces catastrophes ne peuvent manquer de se reproduire de nouveau, les habitations, recouvertes de paille, offrant toujours aux flammes une proie facile.

Je passais encore vers la fin du mois de janvier de superbes journées aux stations de la Madone et de la Ciriegia.

De ma seconde ascension d'hiver à la *cime des Gelas* (3 135 m.), effectuée le 25 janvier, il me reste que le trajet de la Madone au pied du couloir fut extrêmement pénible et fatigant à cause de la grande neige, mais je n'avais jamais trouvé aussi facile la traversée du couloir qui était absolument obstrué ; nous joignîmes donc la cime sans difficulté

d'aucune sorte. Nous eûmes une température idéale avec
+ 11° et une vue surprenante sur la grande chaîne, le
littoral et la Corse. L'ascension du 11 février 1896 avec
MM. Helbing, comte de Pas et de la Tour, aisée jusqu'à la
base de la montagne, fut, au contraire, très délicate pour
l'escalade du couloir.

De la *Ruine* (2 994 m.) j'assistais, le lendemain 26 janvier,
à un spectacle aussi imposant que grandiose : la chaîne des
Alpes Maritimes émergeait entre deux océans de nuages qui
recouvraient au Sud la région du littoral et au Nord la plaine du
Piémont. Les pics, supérieurs à 1 800 mètres, apparaissaient
seuls. Du côté du Midi, les gris sommets du Caire Gros, du
Tournairet, du Siruol, de la Palù, du Piagù, du Pelago se
découvraient à peine, tandis que sur le Nord les nuages ne
dépassaient pas cette même altitude : à nos pieds, la vallée
de la Ruine était dégagée et la cabane du Refuge Genova
qui, construit par la Section ligurienne du Club Alpin Ita-
lien, sera inauguré cet été, se détachait dans cet amoncelle-
ment des neiges.

Spectacle captivant s'il en fût, que celui des cimes élevées
des Alpes Maritimes brillant sous la lumière du soleil et
pointant dans un merveilleux isolement au-dessus des nuages
accumulés ! Mon thermomètre marquait à la cime de la
Ruine + 15°.

Et quelques heures après, à l'hôtel de là Ciriegia, nous
étions dans la brume la plus complète. L'expérience de cette
journée m'engagea le lendemain matin à partir pour la
Pointe Giegn (2 900 m.), malgré le brouillard qui envahissait
la vallée jusqu'au col de Saléses : nous fûmes récompensés,
car nous eûmes à la cime un temps à souhait, avec + 21°.

Le jour suivant, 28 janvier, les nuages avaient complètement quitté les vallées : nous montâmes à la *cime du Pelago*
(2 772 m.), favorisés par le temps. Cette course présenta
quelque difficulté, à cause d'un escarpement de neige glacée
qu'il nous fallut escalader en taillant des degrés. Le sommet

formait un superbe belvédère sur toute la région du haut Boréon, les Gelas, l'Agnelliera, la Ruine, le Mercantour..... que nous admirions avec + 16° (1).

Ces ascensions resteront dans mon esprit au nombre des plus remarquablement belles qu'il m'ait été donné de réussir en plein hiver. Ces quatre journées, débordantes de lumière, de neige et d'air bleu, furent une succession de véritables tableaux de féerie, que le sévère et fastueux décor de l'hiver marquait de son cachet original.

Je me rendais à Molières, le 18 février suivant, en vue d'excursionner dans les environs de ce village. J'eus la bonne fortune de réussir, le lendemain, une ascension à la *cime de la Lausa* (2 804 m.), d'où, par le col de même nom, je montais à la pointe cotée 2 812 mètres, puis à la *Tête du Claus* (2 909 m.). Au moment où je quittai ce sommet, le brouillard se leva de toutes parts.

L'un de mes porteurs, Jean Plent fils, marchant en tête de la caravane, s'avançait sur une pente très inclinée de neige tendre qui, un peu plus bas, se trouvait être du verglas. Il ne tarda pas à partir à une allure effrayante et un malheur eût été certain, si la neige ne fut redevenue molle à quelques mètres de distance des rochers qui dominaient une barre élevée.

Moi-même, trop engagé sur ce versant verglassé pour reculer, je dus, ne pouvant tailler des pas, me laisser glisser en me retenant au piolet à la force de mes bras.

Le surlendemain, je visitais encore le Rio Marges et, par la Colla Ferriera, j'arrivais à la *cime de Las Lausas* (2 656 m.), le point culminant du district montagneux compris entre la Tinée, le vallon de Molières, le Rio Marges, le vallon de Millefuons et celui de Bramafam (Valdeblore).

Mais le baromètre subissait une dépression notable. Le

(1) Les observations thermométriques des Gelas, de la Ruine, du Giegn et du Pelago rapportées ici ont été relevées au soleil, sur ces différents sommets, aux jours indiqués, vers 1 heure de l'après-midi.

soir la neige commençait à tomber et le 22 février au matin, le village et la vallée de Molières étaient recouverts d'une bonne couche. Tandis que l'ouragan sévissait dans ces hautes régions, je rentrais à Nice par Saint-Sauveur.

Pendant mon séjour, je n'eus pas à souffrir du froid. L'hiver ne manifesta réellement ses rigueurs dans les Alpes Maritimes que tardivement.

Au commencement et surtout vers la fin du mois de mars, puis encore vers le milieu d'avril, la neige vint marquer la reprise des hostilités hivernales en semant à profusion ses blancs flocons. Et, avant de renaître sous l'influence de la chaleur printanière, la montagne s'engourdissait de nouveau dans le magique silence des frimas !...